Gerhard Stein

Ausflüge unter Dampf

Deutsche Dampf-Strecken mit Planbetrieb

Husum

Umschlaggestaltung unter Verwendung von Motiven aus dem Buch

Bibliografische Information der Deutschen Nationalbibliothek

Die Deutsche Nationalbibliothek verzeichnet diese Publikation in der Deutschen Nationalbibliografie; detaillierte bibliografische Daten sind im Internet über http://dnb.dnb.de abrufbar.

Zum Autor:
Gerhard Stein hat unter anderem als Fotograf, als Diplom-Ingenieur und als Diplom-Psychologe gearbeitet.
Seine Fotos – auch zum Thema Dampflokomotiven – wurden mehrfach ausgestellt.
Veröffentlichungen: ein Bildband und acht Haiku-Bände.
Kontakt unter: www.coaching-nord.de

Gesamtherstellung: Husum Druck- und Verlagsgesellschaft
Postfach 1480, D-25804 Husum – www. verlagsgruppe.de

ISBN 978-3-89876-724-8

Inhalt

So schön kann Reisen sein ...

Vorbemerkungen

Dampflokomotiven, die im Regelverkehr fahren? Ja, es gibt sie auch heutzutage noch, und zwar im östlichen bzw. mittleren Teil Deutschlands.
Nachdem die Grenze zur DDR durchlässig genug geworden war, um leicht zu den dort noch nach Fahrplan fahrenden Dampfzügen zu gelangen, besuchten wir alle diese Strecken nacheinander und einige davon sogar recht oft.
Im Westen gab es zu der Zeit Dampf nur noch bei Museumsbahnen oder geplanten Sonderfahrten. In der DDR hingegen konnte man noch Alltagsdampfbetrieb beobachten. Nicht auf den Normalspurstrecken, dort war er 1988 eingestellt worden, aber auf den verbliebenen Schmalspurstrecken. Und hier spürte man die beruhigende Wirkung der gemächlich fahrenden Züge. Es entstand eine Vielzahl von Aufnahmen, von denen in diesem Buch eine Auswahl erstmals veröffentlicht wird.
Zum Glück hat man im Laufe der Zeit dank der intensiven Arbeit von Eisenbahnbegeisterten fast überall die Bedeutung der Strecken für den Tourismus erkannt, und so gibt es – trotz der auch von Fachleuten vor 20 Jahren geäußerten düsteren Prognosen – noch heute die Gelegenheit, sich nach Fahrplan gemütlich mit Dampfzügen fortzubewegen und die dazugehörige Atmosphäre zu genießen.

Während der vielen Besuche bei den hier skizzierten Bahnen haben wir eindrucksvolle Zugfahrten unternommen und schöne Landschaften sowie beachtliche Sehenswürdigkeiten in der Nähe der Strecken entdeckt. Vor allem Anfang der 90er-Jahre, als ich noch oftmals der einzige Fotograf war, der sich morgens auf dem jeweiligen Bahngelände herumtrieb, habe ich mehrfach erfreuliche Erlebnisse mit Eisenbahnern gehabt. So rief in Bertsdorf ein Mann aus dem Stellwerk und lud mich ein, von dort oben zu fotografieren, in Bad Doberan bot mir ein Lokführer an, in der Lok mitzufahren, und als in Oberwiesenthal ein Eisenbahner hörte, ich wolle gern ein besonderes Lok-Detail fotografieren, fuhr er (nach einem Blick auf meine Foto-Erlaubnis) diese Lok extra noch einmal aus dem Schuppen heraus. Diese Menschen vergesse ich nicht, außerdem bewundere ich all jene, die sich unermüdlich ehrenamtlich für den Erhalt der dampfenden Schmalspurzüge einsetzen.
Dieses Buch will weder sämtliche Dampflokomotiven noch den kompletten Verlauf aller behandelten Bahnen fotografisch dokumentieren. Es geht mir um die Atmosphäre. Ich habe viele Bilder von den früheren Reisen solchen von späteren vorgezogen. Die hier festgehaltenen Impressionen sollen zum Besuch der Strecken und vor allem zum Nutzen dieser Züge animieren. Sie nur zu fotografieren, wäre kein Beitrag zum Erhalt dieser Bahnen.

„Straßenbahn“ in Bad Doberan: 99 2322 auf der Höhe des Haltepunktes Goethestraße (Mai 1998)

1. Mecklenburg-Vorpommern

1.1. Von Bad Doberan nach Kühlungsborn West

1886 wurde die Doberan-Heiligendammer Eisenbahn (DHE) eröffnet. Die Strecke mit der besonderen Spurweite von 900 mm führte von der Sommerresidenz der Großherzöge von Mecklenburg zum ersten deutschen Seebad Heiligendamm. Wegen stetig steigender Urlauberzahlen wurde eine Streckenverlängerung nach Arendsee geplant, und 1910 ging sie in Betrieb. (1938 wurden Arendsee, Brunshaupten und Fulgenhof zum Ostseebad Kühlungsborn zusammengeschlossen, daher der heutige Name des Endbahnhofs.)
Ab 1890 gehörte die Bahn zur Großherzoglich Mecklenburgischen Friedrich-Franz-Eisenbahn und nach der Übernahme der Länderbahnen von 1920 zur Deutschen Reichsbahn.
Nach dem Zweiten Weltkrieg entstanden bekanntlich in der Bundesrepublik Deutschland die „Deutsche Bundesbahn" und im Osten die DDR-Nachfolgerin der Deutschen Reichsbahn, die weiter unter „Deutsche Reichsbahn" firmierte.
Die im Volksmund „Molli" genannte Bahn zwischen Bad Doberan und Kühlungsborn stellte zwar 1969 den Güterverkehr ein und diente nur noch dem Personenverkehr, aber sie existierte trotz der hohen Unterhaltskosten weiter und wurde 1976 unter Denkmalschutz gestellt. Dieser Schutz schließt auch die äußere Gestaltung der Bahnhofsgebäude an der Strecke ein.
Durch die Vereinigung der beiden deutschen Staaten wuchsen die beiden Bahnverwaltungen zusammen, und auch die Molli-Loks bekamen neue Nummern zugewiesen. Letzteres wurde rückgängig gemacht, nachdem die Strecke 1995 von der Mecklenburgischen Bäderbahn übernommen wurde. So liefen also zum Beispiel die 1932 gebauten 1'D'1-Einheitsloks 99 321, 99 322 und 99 323 (im ab 1970 geltenden Nummernschema: 99 2321-0, 99 2322-8 und 99 2323-6) nur kurze Zeit unter den DB-Nummern 099 901-1, 099 902-9 und 099 903-7. Eine Besonderheit an diesen Maschinen von Orenstein & Koppel ist ihr aufgrund der ursprünglich anvisierten Höchstgeschwindigkeit von 50 km/h relativ großer Treibraddurchmesser von 1100 mm. Die ebenfalls lange auf dieser Strecke anzutreffenden Vierkuppler des Baujahres 1951 (Lokomotivbau Karl Marx) haben dagegen einen Treibraddurchmesser von nur 800 mm und sind auch deutlich kürzer. Von ihnen ist nur die 99 2331-9 noch betriebsfähig, die 99 332 steht als Denkmal im Endbahnhof Kühlungsborn West, wo man auch das Betriebswerk und das Molli-Museum besichtigen kann, und die dritte dieser Maschinen wurde verschrottet.
Im Juli 2009 wurde zur Bewältigung des inzwischen beträchtlichen Touristenverkehrs und zur großen Freude aller Eisenbahnliebhaber eine beim Dampflokwerk Meiningen in Auftrag gegebene Neubaulok in Dienst gestellt, ein Nachbau einer Einheitslok. Sie erhielt die Nummer 99 2324-4.
Die Strecke beginnt im Bahnhof Doberan neben den Regelspurgleisen der Strecke Wismar–Rostock, führt durch z.T. enge Straßen zu den Haltepunkten Stadtmitte und Goethestraße, von dort zum Bedarfshaltepunkt Rennbahn, weiter parallel zur Straße, neben einem beachtlichen Waldgebiet zur Rechten, zum buchenwaldumrahmten Bahnhof Heiligendamm, wo in der Regel Zugkreuzungen stattfinden, anschließend bis zum Haltepunkt Heiligendamm Steilküste, von dort über Kühlungsborn Ost und Kühlungsborn Mitte zum Endbahnhof Kühlungsborn West. Die Höchstgeschwindigkeit auf der Strecke beträgt 40 km/h, und die Fahrt dauert rund 40 Minuten.

Unterwegs nach Bad Doberan (99 2322, Oktober 2007)

Zugkreuzung in Heiligendamm: 99 2322 hat auf 99 2323 gewartet (Oktober 2007)

Kurz vor Heiligendamm (99 2322, im März 1995 mit der DB-Nr. 099 902)

Mit Volldampf von Heiligendamm Richtung Bad Doberan (099 902, März 1995)

Beim Haltepunkt Steilküste (099 901 bzw. 99 2321, März 1995)

Nebliger Morgen in Kühlungsborn West: 099 902 kurz vor der Abfahrt (März 1995)

In Putbus wird die Lok mit der Länderbahn-Nr. 53 (99 4633) gerade mit Kohle versorgt (Oktober 1996)

1.2. Von Lauterbach Mole über Putbus nach Göhren

Diese Schmalspurbahn (Spurweite 750 mm, zugelassene Höchstgeschwindigkeit 30 km/h) wird im Volksmund liebevoll „Rasender Roland“ genannt. Zwischen 1895 und 1899 nahm die Rügensche Kleinbahn (Rü.K.B.) abschnittweise die Strecke zwischen Putbus und Göhren in Betrieb, die Streckenlänge betrug insgesamt 24,2 km.
Mehrfach wechselte die Betriebsführung dieser Bahn, 1949 ging sie an die DR über.
Ab 1952 wurden Loks und Wagen durch solche aus sächsischem Bestand ergänzt. 1967 wurde aus Rentabilitätsgründen zwar der Güterverkehr eingestellt, aber 1976 wurde die Strecke Putbus–Göhren unter Denkmalschutz gestellt. 1994 kam die Strecke zur DB (aber diese entschied, bis Anfang 1996 alle Schmalspurbahnen zu privatisieren oder stillzulegen). 1995 erfolgte die Rückgabe der Strecke an den Landkreis Rügen und die Privatisierung, nun war die RüKB der Betreiber. 1999 wurde das 2,6 km lange Dreischienengleis von Putbus nach Lauterbach Mole eröffnet; auf diesem Gleis fahren – zusätzlich zu den regelspurigen von Bergen kommenden Zügen – im Sommer auch Schmalspurzüge.
Seit 2008 führt die „Eisenbahn-Bau- und Betriebsgesellschaft Pressnitztalbahn“ aus Jöhstadt – der Ort ist Eisenbahnfreunden wegen der sehenswerten und international beachteten Museumsbahn Jöhstadt-Steinberg wohlbekannt – den Betrieb unter dem Namen „Rügensche Bäderbahn“ (RüBB).
Die Bahn kann heute also von Lauterbach Mole über die Bahnhöfe in Putbus, Binz, Sellin und Baabe zum Endbahnhof Göhren fahren. Am Bahnhof Putbus sind Lokschuppen, Bekohlungsanlage und Wasserkran zu besichtigen. Die Trasse führt durch landwirtschaftlich genutzte Flächen vorbei an den Bedarfshaltepunkten Beuchow, Posewald, Seelvitz und Serams und von dort nach Binz. (Binz, das größte Seebad auf Rügen, besitzt auch einen Bahnhof für die Regelspurbahn, dieser liegt etwa 3 km entfernt vom Schmalspurbahnhof.) Ab Binz geht es im dichten Laubwald in großen Bögen bergauf bis zum Haltepunkt Jagdschloss (50 m über NN, damit der höchste Haltepunkt auf Rügen), anschließend allmählich abwärts über den Haltepunkt Garftitz nach Sellin West und danach zum Bahnhof Sellin Ost. Hier, wie z. B. auch in Binz, finden Zugkreuzungen statt. Kurz nach Sellin folgen Baabe und Philippshagen, und auf dem letzten Abschnitt geht es wieder durch den Wald bis zur Endstation Göhren, wo sich u. a. ein Lokschuppen befindet. Von den Bahnhöfen Binz, Sellin und Baabe ist der Strand dieser Ostseebäder jeweils in wenigen Minuten zu Fuß ereichbar. In Göhren ist der Bahnsteig nur etwa 100 Meter von der Uferpromenade entfernt.
Die Fahrt von Putbus bis Göhren dauert etwa 75 Minuten, von Putbus nach Lauterbach rund sieben Minuten.
Der Bahn stehen Dampfloks aus mehreren Baureihen zur Verfügung: zunächst zwei Vierkuppler von Vulcan, nämlich 99 4632, gebaut 1914, und 99 4633, gebaut 1925 (bei meinen Besuchen der Strecke waren die beiden meist als Nr. 52 bzw. 53 in grüner Länderbahnfarbe unterwegs), dann zwei 1’D-Henschel-Loks von 1938, nämlich 99 4801 und 99 4802, ferner die aus Sachsen importierten 1'D'1-Maschinen, nämlich 99 782, 99 783 und 99 784 (1953 von Lokomotivbau Karl Marx Babelsberg gebaut), seit 2008 der 1931 gebaute Vierkuppler 99 4011, eine Industrielok, die aus dem Mansfelder Kupferrevier stammt, und außerdem traf ich die 1939 gebaute Borsig-Lok mit dem eigenartigen Namen „Aquarius C“, die zuvor unter anderem auf der Jagsttalbahn eingesetzt war; diese Lok kam später nach Jöhstadt.

Eine „Neubaulok“, die 1953 gebaute 99 782, verlässt Putbus Richtung Göhren (September 1999)

Die 53 ist in Seelvitz angekommen (Oktober 1996)

Fahrt von Seelvitz Richtung Serams (99 784, Oktober 1996)

Hier geht es durch die Felder Richtung Posewald (99 784, September 1994)

An einem kühlen Morgen zwischen Serams und Seelvitz (99 4801, Mai 1999)

Bahnübergang vor dem Haltepunkt Jagdschloss (99 4801, Mai 1999)

Gleich hält der Zug am Haltepunkt Garftitz (53, September 1994)

Kurze Pause in Sellin, Warten auf die Weiterfahrt nach Baabe (99 4801, Mai 1999)

Vor dem Lokschuppen Gernrode (99 6001, April 1995)

2. Die Harzer Schmalspurbahnen

Die heutigen Harzer Schmalspurbahnen (HSB) bestehen aus der Harzquer- und Brockenbahn sowie aus der Selketalbahn. Zusammen bilden sie mit gut 140 km das größte deutsche Schmalspurbahnnetz. Die Spurweite beträgt 1000 mm. Drei der sechs Endbahnhöfe, nämlich Quedlinburg, Wernigerode und Nordhausen Nord, besitzen eine Verbindung zum normalspurigen Netz der Deutschen Bahn.

Fast alle Touristen und Ausflügler wollen auf den Brocken. Deshalb gibt es auf der Brockenbahn die größte Verkehrsdichte, aber die anderen Strecken sind ebenfalls sehr sehenswert. Und auf den Abschnitten Quedlinburg–Gernrode und Nordhausen–Ilfeld spielt auch der Berufs- und Schülerverkehr eine nicht unbedeutende Rolle. Im Falle Nordhausens ist das auch auf das seit 2004 existierende Verbindungsgleis zwischen der Straßenbahn Nordhausen und der Harzquerbahn zurückzuführen, auf dem Straßenbahnen mit Hybridantrieb bis Ilfeld gelangen können. Doch zunächst zur ältesten Schmalspurbahn des Harzes:

2.1. Die Selketalbahn

Der Bau der Selketalbahn begann bereits 1886. Verantwortlich war die Gernrode-Harzgeroder Eisenbahngesellschaft (GHE). Zunächst wurde der Streckenabschnitt Gernrode–Mägdesprung fertiggestellt, einige Monate später die Verlängerung bis Harzgerode, und 1892 war auch die Strecke von Alexisbad über Stiege bis nach Hasselfelde befahrbar.

Mit der Eröffnung des Abschnitts zwischen Stiege und Eisfelder Talmühle gab es ab 1905 eine Verbindung der Netze von GHE und NWE (NWE: siehe 2.2.)

Nach dem Zweiten Weltkrieg verlangte die sowjetische Militäradministration als Reparationsleistung den teilweisen Abbau der Gleisanlagen zwischen Alexisbad und Stiege. 1949 wurde die GHE von der Deutschen Reichsbahn übernommen. 1983 wurde die verbliebene Lücke zwischen Straßberg und Stiege geschlossen, und ab dem folgenden Jahr gab es wieder regelmäßigen Reisezugverkehr auf dieser Strecke. 1991 entstand die Harzer Schmalspurbahnen GmbH, ein Jahr später übernahm sie von der DR die Betriebsführung. 2003 wurde beschlossen, die Strecke bis nach Quedlinburg zu verlängern; drei Jahre später wurde der fahrplanmäßige Zugverkehr auf dem knapp 9 km langen, umgespurten Abschnitt zwischen Quedlinburg und Gernrode aufgenommen.

Auf dem Gelände des Bahnhofs Gernrode, südlich der Anlagen des Regelspurbetriebes gelegen, befinden sich Lokschuppen, Wasserkran und Kohlebansen. Die Strecke führt weiter über den Haltepunkt (Hp) Osterteich zum Hp Sternhaus-Haferfeld. Hier beginnt der erste steile Abschnitt (Steigung 40 ‰). Im nächsten Hp, Sternhaus-Ramberg, liegt der Brechpunkt der Strecke, es geht nun wieder abwärts. Nach dem Bahnhof Mägdesprung folgt der Hp Drahtzug und dann der Bahnhof Alexisbad, neben Gernrode die wichtigste Betriebsstelle der Selketalbahn. In Alexisbad teilt sich die Strecke: Der eine Strang überquert die Selke und führt, teilweise dicht am Berghang entlang, zum Bahnhof Harzgerode, der andere verläuft durch das Selketal und führt über Silberhütte, Straßberg, Güntersberge und Friedrichshöhe nach Stiege und Hasselfelde. In Stiege gibt es eine Wendeschleife und einen Abzweig nach Eisfelder Talmühle, also Richtung Harzquerbahn.

Mit frischen Vorräten setzt sich die Lok gleich vor den ersten Zug des Tages ab Gernrode (99 6001, September 2000)

In der Nähe von Sternhaus auf der Fahrt Richtung Gernrode (99 7237, April 1991)

Zwischen Mägdesprung und dem Haltepunkt Drahtzug (99 7247, im April 1995 mit der älteren Nr. 99 247)

Zugkreuzung in Alexisbad: 99 7244 trifft 99 7235 (April 1991)

Nach Verlassen von Alexisbad Richtung Harzgerode (99 7246, April 1991)

Auf dem Weg zum Endbahnhof Harzgerode (99 7236, Juni 1993)

Bahnhof Straßberg: Abfahrt Richtung Güntersberge (99 7245, Oktober 1994)

Vor den Häusern von Hasselfelde (99 6001, Mai 1998)

Schwungvoller Start am Bahnhof Wernigerode (99 7244, Januar 1990)

2.2. Die Harzquer- und Brockenbahn

1896 wurde die Nordhausen-Wernigeroder Eisenbahn (NWE) gegründet. Geplant war eine Schmalspurbahn zwischen Nordhausen und Wernigerode sowie eine Abzweigung auf den Brocken. Schon 1898 waren die Strecken von Wernigerode über Drei Annen Hohne nach Schierke und von Nordhausen bis Benneckenstein in Betrieb, ein Jahr später von Benneckenstein bis Drei Annen Hohne, und außerdem konnten Züge bereits zum Bahnhof Brocken fahren. Damit war das gut 79 km lange Streckennetz der NWE zunächst komplett. 1949 wurde auch die NWE von der Deutschen Reichsbahn übernommen. Mitte der 1950er-Jahre beschaffte die DR 17 Neubaulokomotiven bei LKM in Babelsberg (der Bau wurde angelehnt an die Konstruktion der 1931 von Schwartzkopff gebauten 99 222). 1961 errichtete die DDR die „Staatsgrenze West", außerdem wurde der Reisezugverkehr zum Brocken verboten – selbst nach Schierke kam man nur noch mit Passierschein. Die Vereinigung der beiden deutschen Staaten führte dann zur Sanierung der Brockenstrecke, und 1992 fuhren wieder fahrplanmäßige Züge zum Brocken-Bahnhof. 1993 ging die Betriebsführung von der DR an die HSB über, welche aus der „kommunalen Gründungsgesellschaft zur Erhaltung der Harzer Schmalspurbahnen" hervorgegangen war.

Die Strecke beginnt am Bahnhof Wernigerode, wo man gut die Versorgung der Loks mit Kohle und Wasser beobachten kann. Nach wenigen Minuten Fahrt erreicht man den Bf Westerntor (seit 2006 auf einer neuen Trasse, die im Zusammenhang mit dem Bau des Altstadtkreisels errichtet wurde). Dann fahren die Züge durch Hasserode, z. T. unmittelbar an Vorgärten vorbei, gelegentlich die Straße mitbenutzend, gelangen zum Hp Hochschule Harz (früher: Hp Kirchstraße), zum Bf Hasserode und zu dem in einer Bogenkehre liegenden Hp Steinerne Renne. Auf den nächsten 8 km müssen die Züge einen Höhenunterschied von 230 m überwinden, deshalb folgt ein Gleisbogen auf den anderen. Sogar einen Tunnel hat die Strecke zu bieten, er durchstößt den Kleinen Thumkuhlenkopf. Am Bf Drei Annen Hohne werden die Loks mit Wasser versorgt. Kurz hinter dem Bf zweigt nach rechts die Strecke über Schierke zum Brocken (1142 m) ab. Von Drei Annen Hohne bis zum Endbahnhof der Brockenbahn gilt es, einen Höhenunterschied von knapp 600 m zu bewältigen. Die Harzquerbahn indes verläuft, teilweise durch dichte Wälder, über die Orte Elend, Sorge und Benneckenstein zunächst bis zum Bf Eisfelder Talmühle. Hier gibt es den unter 2.1. erwähnten Abzweig Richtung Stiege. Die Bahn führt weiter über den Hp Netzkater nach Ilfeld, verliert nun den Charakter einer Gebirgsbahn, erreicht Niedersachswerfen und schließlich Nordhausen, wo zwischen 2001 und 2010 zusätzlich zu Krimderode und Altentor mehrere neue Haltepunkte eingerichtet worden sind. Die Fahrt von Wernigerode nach Nordhausen Nord ist ein über drei Stunden währendes Erlebnis.

Auf den Gleisen der HSB konnte man in den letzten Jahren außer den oben bereits erwähnten 1'E'1-Maschinen (also die 99 222 und die Neubauloks 99 7231 – 99 7247) folgenden Dampfloks begegnen:

99 5901 (NWE 11) und 99 5902 (NWE 14), Achsfolge B'B, Typ Mallet, 1897 von Jung hergestellt,

99 5903 (NWE 13), Achsfolge B'B, Typ Mallet, 1898 von Jung hergestellt,

99 6101 (NWE 6) und 99 6102 (NWE 7), Achsfolge C, 1914 von Henschel & Sohn hergestellt,

99 5906 (NWE 41"), Achsfolge B'B, Typ Mallet, 1918 von MBG (Maschinenbaugesellschaft Karlsruhe) hergestellt,

99 6001 (NWE 21), Achsfolge 1'C'1, 1939 von Krupp hergestellt.

Güterzug bei der Ausfahrt in Wernigerode, gezogen von 99 7222 und 99 7240 (Mai 1998)

Kohleversorgung in Wernigerode (99 7232, Mai 1995)

Am Haltepunkt Kirchstraße in Wernigerode, heute: Hp Hochschule Harz (99 7231, Oktober 1994)

Auf dem Weg nach Drei Annen Hohne (September 1996)

Noch einmal die bei Fotografen beliebte S-Kurve (99 7233, Oktober 1994)

Derselbe Zug, kurze Zeit später aufgenommen

Am Bahnübergang bei Drei Annen (99 7241, September 2000)

Wenige Augenblicke vor Erreichen des Bahnhofs Elend (99 7245, Mai 2002)

Dieser Zug hat gerade die Straße zwischen Braunlage und Tanne gequert (Juni 1993)

Im Sonnenschein zwischen Sorge und Elend (99 7245, Mai 2002)

Gleich wird der Bahnhof Benneckenstein erreicht (99 7246, August 1995)

Dampf am frühen Morgen über den Wiesen von Benneckenstein (99 7233, Juni 1993)

Seltener Anblick: Drei Dampfzüge in Eisfelder Talmühle (99 6001 und zwei 1'E'1-Loks, September 1996)

Doppelausfahrt in Eisfelder Talmühle (99 7236 / vor dem Güterzug 99 7222 und 99 7240, Mai 1998)

Am Bahnhof Ilfeld eine kleine Pause für das Personal (99 7238, September 1996)

Der Zug fährt parallel zur B 4 Richtung Ilfeld (99 7240, September 2000)

Nordhausen: 99 7240 setzt sich am 29. 9. 2000 vor ihre Wagen ...

... und bald darauf geht es Richtung Norden

Zwischen Drei Annen Hohne und Schierke müssen gut 142 m an Höhe gewonnen werden (99 7245, Februar 1997)

Auf dem Brocken, kurz vor dem 1142 m über NN liegenden Endbahnhof (99 7238, Februar 1997)

Und noch mehr Schnee: 99 7231 in Wernigerode (Dezember 1996)

Hinter Hasserode durchfährt der Zug eine enge Kurve (99 7244, Dezember 1997)

Start am Haltepunkt Steinerne Renne (99 7232, Dezember 1997)

Bahnhof Schierke im Winter 1989/90, damals Endstation für Personenverkehr. Im Text des abgebildeten Schildes steht lediglich: „täglich [...] 3mal Güterverkehr bis Brocken".

Beim Verlassen des Ortes Sorge (99 7246, Februar 1997)

Zwischen den Wiesen hinter dem Bahnhof Benneckenstein (99 7243, Dezember 1996)

Winterwald vor dem Haltepunkt Sophienhof (99 7232, Dezember 1997)

Im Februar 1997 wurde Lok 11 einhundert Jahre alt, daneben Lok 13, ein Jahr jünger (Eisfelder Talmühle)

Gleich geht es los, am 1. Mai 1992 in Freital-Hainsberg (099 734, die DB-Nr. der 99 1761)

3. Sachsen

Nachdem in den 1960er-Jahren wegen unzureichender Rentabilität (vor allem wegen der zunehmenden Konkurrenz durch Busse und Lkw) für zahlreiche Schmalspurstrecken der DDR die Stilllegung beschlossen war, wurden 1974 aufgrund einer neuen Einschätzung der Sach- bzw. Straßenlage sieben Schmalspurbahnen ausgewählt, welche als Denkmale der Verkehrsgeschichte für den Touristenverkehr erhalten werden sollten. In Sachsen betraf das folgende Strecken:
Von Freital-Hainsberg nach Kipsdorf (siehe 3.1.), von Radebeul nach Radeburg (siehe 3.2.), von Zittau nach Oybin bzw. Jonsdorf (siehe 3.4.) und von Cranzahl nach Oberwiesenthal (siehe 3.5.).
Der gesellschaftliche Umbruch im Osten Deutschlands 1989/90 war auch für die Schmalspurbahnen mit erheblichen Veränderungen verbunden: So gab es plötzlich weniger Kunden für Gütertransport und deutlich mehr private Pkw. Anfang 1994 wurde die Deutsche Bahn AG gegründet, die von ihr übernommenen sächsischen Schmalspurstrecken sollten rasch privatisiert oder stillgelegt werden. Zum Glück fanden sich private Betreiber, die einen Weiterbetrieb ermöglichten.
Diese Strecken haben alle eine Spurweite von 750 mm; entsprechende Fahrzeuge können also prinzipiell auf allen diesen Strecken und außerdem auf der bereits unter Punkt 1.2. beschriebenen Rügen-Strecke verkehren. Eine Übersicht der Dampfloks der SDG, der Sächsischen Dampfeisenbahngesellschaft (dazu gehören die unter 3.1., 3.2. und 3.5. beschriebenen Strecken) sowie der Loks der Döllnitzbahn (3.3.) und der Zittauer Schmalspurbahn (3.4.) finden Sie unter Punkt 3.6.
Auf die ältesten dieser Dampfloks, die sächsischen IV K-Loks, wird unter Punkt 3.3. eingegangen, weil diese Maschinen stets in einem Atemzug mit dem Mügelner Netz genannt werden.
Die VI K-Loks sind zwar jünger, aber von ihnen ist bei den hier beschriebenen Bahnen nur noch ein Exemplar unterwegs, nämlich die 99 713. Bei diesen Maschinen handelt es sich um Fünfkuppler. Um dennoch die geforderte Kurvengängigkeit zu erreichen, waren, wie auch bei den Nachfolgern und auch bei den unter Punkt 2.2. beschriebenen Meterspur-Fünfkupplern im Harz, verschiedene konstruktive Besonderheiten nötig, zum Beispiel die Seitenverschiebbarkeit von zwei oder drei Kuppelachsen. Gebaut wurden die Maschinen bis 1927. Abgelöst wurden sie von den Einheitslokomotiven der Achsfolge 1'E'1, die heute gelegentlich „VII K (alt)" genannt werden und die zwischen 1928 und 1933 gebaut wurden. 1952 bis 1956 schließlich entstanden bei LKM (Lokomotivbau Karl Marx) in Babelsberg die Neubauloks, ebenfalls mit der Achsfolge 1'E'1, heute auch als „VII K (neu)" bezeichnet. Beibehalten hatte man den Treibraddurchmesser von 800 mm, und unter anderem deshalb wirken diese Maschinen etwas zierlicher als die 1'E'1-Loks des Harzes (1000 mm Treibraddurchmesser).
Eine Sonderstellung auf den Schmalspurgleisen Sachsens hat die dreifachgekuppelte I K Nr. 54, denn hier handelt es sich um einen nach altem Vorbild gefertigten Neubau. Die ursprünglichen I K-Loks wurden ab 1889 geliefert. Das letzte Exemplar der Reichsbahn wurde Ende der 1920er-Jahre ausgemustert, das letzte aus Privatbesitz wurde 1964 zerlegt. Der ausschließlich durch Spenden finanzierte Neubau entstand zwischen 2006 und 2009 im Dampflokwerk Meiningen. Träger des Projektes war der Verein zur Förderung der Sächsischen Schmalspurbahnen.

3.1. Von Freital-Hainsberg nach Kipsdorf (Weißeritztalbahn)

Der erste Abschnitt dieser südwestlich von Dresden gelegenen Bahn, der von Hainsberg nach Schmiedeberg, ging 1882 in Betrieb, ein Jahr später war Kipsdorf die Endstation. 1908 bis 1913 wurde zum Schutz vor Hochwasser die Staumauer bei Malter errichtet, und die Bahn wurde hier neu trassiert. Nach dem Zweiten Weltkrieg war – wie auf allen hier erwähnten Strecken – aufgrund fehlender oder schadhafter Fahrzeuge zunächst nur ein eingeschränkter Betrieb möglich. In den 1950er-Jahren erlangte die Weißeritztalbahn allmählich ihre alte Bedeutung im Ausflugsverkehr zurück. Nach der politischen Wende in der DDR wurden u. a. die parallel zur Bahn laufenden Straßen modernisiert; hier fuhren zusätzliche Züge, um die im Ausbau befindlichen Straßen zu entlasten. Später stand diese Bahn vor dem Aus. Privatinitiative verhinderte dies jedoch: 2004 erfolgte die Übergabe der Bahn an die BVO Bahn GmbH. Diese betrieb damals bereits die Fichtelbergbahn und die Lößnitzgrundbahn und wurde 2007 zur Sächsischen Dampfeisenbahngesellschaft (SDG).

Die Strecke beginnt am Schmalspurbahnhof Freital-Hainsberg. Er liegt unterhalb der auf einem Damm verlaufenden Gleise der Regelspurstrecke, und man findet hier einen Lokschuppen und die dampfloktypischen Versorgungsanlagen. Kurz nach dem Bahnhof überquert die Strecke die Wilde und dann die Rote Weißeritz, deren Verlauf sie folgt. Der erste Haltepunkt ist Freital-Coßmannsdorf. Wenig später wird der Rabenauer Grund erreicht, ein seit Jahrzehnten beliebtes Naherholungsgebiet der Dresdner. Die Rote Weißeritz hat ein eindrucksvolles steilwandiges Engtal geschaffen. (Wer auf dem parallel zur Strecke und zur Weißeritz verlaufenden Wanderweg unterwegs ist und gelegentliches Klettern nicht scheut, wird mit schönen Aussichtsmöglichkeiten belohnt.) Bis zum Bahnhof Rabenau ist die Strecke um fast 70 m angestiegen. Nach Rabenau, wo bis in die 1990er-Jahre planmäßig Zugkreuzungen stattfanden, führt die Strecke zum Haltepunkt Spechtritzgrund, dessen Gebäude nach dem Hochwasser 2002 vor wenigen Jahren nach historischem Vorbild teilweise neu aufgebaut wurde, und anschließend zum Bahnhof Seifersdorf. Wenig später geht es am Ort und der Talsperre Malter vorbei, und schließlich wird der Bahnhof Dippoldiswalde erreicht. Dies ist zurzeit (Januar 2014) die Endstation der Kleinbahn, denn im August 2002 wurde die Trasse durch sehr starke Regenfälle und Überschwemmungen massiv beschädigt. Unter anderem die Interessengemeinschaft Weißeritztalbahn e.V. kämpfte mit vielfältigen Aktionen für den Erhalt dieser Bahn. Ende 2008 konnte man, nachdem Stützmauern, Brücken und Gleise instandgesetzt worden waren, immerhin schon wieder von Freital bis Dippoldiswalde fahren. (Durch das Hochwasser vom Juni 2013 gab es allerdings neue Probleme: die Rote Weißeritz hatte Gleise unterspült, Schotter mitgerissen, und der Zugbetrieb kam für zwei Wochen zum Erliegen.) Der weitere Aufbau der Strecke über Schmiedeberg bis hinauf zum Kurort Kipsdorf wurde 2009 beschlossen. Die Züge fahren mit einer Höchstgeschwindigkeit von 30 km/h, und die Fahrt von Freital-Hainsberg bis Dippoldiswalde dauert gut fünfzig Minuten; bis Kipsdorf fuhr man früher weitere vierzig Minuten.

Schmiedeberg ist Eisenbahnfreunden wegen des 1920 erbauten Mehrbogenviaduktes ein Begriff (natursteinverkleideter Stahlbeton, 191 m lang). Und der 534 m über NN liegende Bahnhof Kipsdorf, ein in den 1930er-Jahren wegen des seinerzeit stärker gewordenen Ausflugsverkehrs errichteter Neubau, ist ebenfalls sehenswert, er besteht aus einem quer zu den Gleisen, teilweise in den Berg hineingebauten Gebäude, das eine Einfahrt für die Gepäckwagen besitzt.

Durch das frische Grün des Rabenauer Grundes (099 734, Mai 1992)

Im Rabenauer Grund führt die Trasse über zahlreiche Brücken (099 736, Mai 1997)

Waldweg mit Dampfzug-Erlebnis in der Nähe von Rabenau (099 723, Mai 1996)

Am Bahnhof Rabenau (099 726, Mai 1997)

Begegnung in Seifersdorf: 099 747 hat auf den Gegenzug mit 099 735 gewartet (Mai 1992)

Der Zug aus Dippoldiswalde auf der Höhe von Obercarsdorf (099 735, Mai 1992)

Auf dem Viadukt in Schmiedeberg (099 747, Mai 1992)

Im hier gerade nebligen Kurort Kipsdorf stehen 099 753 und 099 723 (Mai 1996)

Der Endbahnhof Kipsdorf wurde mit einer Einfahrt für Gepäckwagen ausgestattet (Mai 1992)

Warten vor dem Lokschuppen in Radebeul Ost (099 754 und 099 739, bzw. 99 790 und 99 775, April 1992)

3.2. Von Radebeul nach Radeburg (Lößnitzgrundbahn)

1884 fuhr der erste planmäßige Zug der damaligen Königlich Sächsischen Staatseisenbahn von Radebeul in das 16,5 km entfernte Radeburg. Die Situation nach dem Zweiten Weltkrieg, die allmähliche Rückgewinnung der alten Bedeutung der Bahn, die späteren Überlegungen zur Schließung, die Übernahme durch die Deutsche Bahn AG und die Rettung durch private Betreiber verliefen ähnlich wie bei der Weißeritztalbahn. Diese beiden Bahnen und auch die Fichtelbergbahn werden heute von der SDG (Sächsische Dampfeisenbahngesellschaft mbH) betrieben. Erwähnt werden soll noch: Diese Schmalspurbahn war die erste in der DDR, auf der regelmäßig Traditionszüge verkehrten; das ist engagierten Eisenbahnfreunden zu verdanken (seit 1975 beschäftigen sich die Mitglieder des Vereins „Traditionsbahn Radebeul e.V.“ ehrenamtlich mit der Erhaltung von Schmalspur-Eisenbahnfahrzeugen; der Verein arbeitet nach eigener Aussage „eng mit der Lößnitzgrundbahn, dem Verkehrsmuseum Dresden und dem Schmalspurbahnmuseum Radebeul zusammen“).

Die Strecke der Lößnitzgrundbahn befindet sich nordwestlich von Dresden. Ausgangspunkt ist der nördlich des Regelspurbahnhofs gelegene Bahnhof Radebeul Ost, hier befindet sich ein Lokschuppen, man kann das Versorgen der Dampfloks mit Kohle und Wasser beobachten, und außerdem sind verschiedene Museumsfahrzeuge ausgestellt. Die Strecke führt zunächst neben der Straße durch die westlichen Wohnviertel Radebeuls zum Haltepunkt Weißes Roß, der nach einem 1789 errichteten Gasthof benannt wurde. Hier können Fahrgäste der Dresdner Straßenbahn zusteigen. Nach dem Verlassen Radebeuls geht es unterhalb der Radebeuler Weinberge in den Lößnitzgrund. Die Bahn fährt durch den Wald zum Haltepunkt Lößnitzgrund, sie überquert mehrfach den Lößnitzbach und gelangt zum Haltepunkt Friedewald und danach zum Bahnhof Friedewald Bad. Anschließend quert sie auf einem über 200 m langen Damm den Dippelsdorfer Teich und erreicht kurze Zeit darauf den Bahnhof Moritzburg mit dem 2005 sanierten und ausgebauten Bahnhofsgebäude. Hier enden heute viele Züge, das ist durch den regen Ausflugsverkehr zum Schloss Moritzburg bedingt: Das barocke Gebäude auf einer künstlichen Insel erhielt seine heutige Gestalt im 18. Jahrhundert, es lockt unter anderem mit seiner Gartenanlage zahlreiche Besucher an. Jedoch führt die Strecke weiter, und zwar, teilweise am Ufer des Großteiches entlang, vorbei an den Haltepunkten Cunnertswalde, Bärnsdorf, Berbisdorf und Berbisdorf Anbau bis zum Endbahnhof Radeburg. Da dies die frühere Einsatzstelle für die Loks war, findet man auch hier Lokschuppen und Bekohlungsanlage.

Die Fahrt von Radebeul nach Radeburg dauert – bei einer Höchstgeschwindigkeit von 30 km/h – etwa 50 Minuten.

In Kürze erreicht der Zug den Bahnhof Friedewald (099 739, Mai 1996)

Querung des Dippelsdorfer Teiches, im Hintergrund das Schloss Moritzburg (Mai 1992)

Auf dem Damm über den Dippelsdorfer Teich (099 754, Mai 1992)

Freie Fahrt für 099 743, die gerade mit ihrem Zug den Bahnhof Moritzburg verlassen hat (Mai 1992)

Am Haltepunkt Cunnertswalde (099 752, Mai 1997)

Sowohl bei Regen als auch bei Sonnenschein ein angenehmer Anblick (bei Bärnsdorf 1992, vor Berbisdorf 1996)

In der Nähe des Haltepunktes Berbisdorf Anbau (099 754, Mai 1992)

Der Lokschuppen in Radeburg (099 743, Mai 1992)

Doppeltraktion durch zwei Meyer-Loks vor Mügeln (099 705, 099 713, Mai 1992)

3.3. Von Oschatz über Mügeln nach Glossen (Döllnitzbahn)

Vielen Eisenbahnfreunden ist das „Mügelner Netz“ ein Begriff. Es bestand aus mehreren Schmalspurstrecken und hatte seinen betrieblichen Mittelpunkt in Mügeln. 1885 wurde als erster Abschnitt die Strecke zwischen Mügeln und Oschatz eröffnet. 1920 übernahm die Deutsche Reichsbahn das gesamte Netz. Im Laufe der Zeit wurde auf einigen Strecken wegen mangelnder Rentabilität der Betrieb eingestellt. Auch zwischen Oschatz und Mügeln wurde (1975) der Personenverkehr eingestellt, aber für den Güterverkehr blieb Oschatz – Mügeln – Kemmlitz in Betrieb, vor allem für den Transport von Kaolin (Rohstoff für die Porzellanherstellung).

Nach der politischen Wende 1989/90 stellte sich die Frage, wie die Schmalspurbahnen auch unter den nun marktwirtschaftlichen Bedingungen weiterentwickelt werden könnten. Durch das Engagement des Fahrgastverbandes Pro Bahn und auf Initiative des Landkreises gelang es, die Strecke kurzfristig zu privatisieren (1993 ging sie von der DR an die neu gegründete Bahngesellschaft Döllnitzbahn) und den Güterverkehr auf der Schiene vorerst zu erhalten. 1995 wurde der Reisezugverkehr bis Mügeln wieder aufgenommen. Und seit 2006 ist Glossen wieder per Bahn erreichbar, dies ist nicht zuletzt dem Förderverein „Wilder Robert“ zu verdanken. Anfang 2013 hat die SOEG, die Sächsisch-Oberlausitzer Eisenbahngesellschaft mbH (siehe 3.4.), die Geschäftsführung der Döllnitzbahn übernommen.

In Oschatz konnte man beobachten, wie Regelspurgüterwagen auf schmalspurige Rollwagen aufgefahren werden; eine weitere Besonderheit ist ein zur Zuckerfabrik führendes Dreischienengleis (mehrfach, zum Beispiel Ende 1991, wurde gemutmaßt, der Güterverkehr werde demnächst aufgegeben, deshalb besuchten wir 1992 diese Strecke, um noch etwas von dieser spezifischen Atmosphäre festzuhalten, 2001 schließlich kam wirklich das Ende für den Güterverkehr). Von Oschatz aus führt die Strecke der Döllnitzbahn über Thalheim, Naundorf und Schweta nach Mügeln, hier befindet sich der ehemals größte Schmalspurbahnhof Deutschlands mit noch vorhandenen Gleis- und Versorgungsanlagen und Gebäuden. Von Mügeln führt sie weiter über Nebitzschen zum Bahnhof Glossen (bzw. zum Betriebsbahnhof Kemmlitz). Die Fahrt von Oschatz nach Glossen dauert eine gute Stunde. An ausgewählten Wochenenden und Feiertagen wird mit Dampf gefahren.

Mit der Geschichte des Mügelner Schmalspurnetzes ist der Einsatz der vierachsigen Dampfloks der sächsischen Gattung IV K verbunden. Die ersten dieser B'B-Loks der Bauart Meyer verließen die Sächsische Maschinenfabrik Richard Hartmann bereits 1892. Insgesamt wurden 96 Exemplare gebaut, damit ist dies die meistgebaute Schmalspurdampflok Deutschlands. Das Typische dieser Loks: Im Gegensatz zur ebenfalls sehr kurvengängigen Bauart Mallet, bei der das hintere Fahrwerk auf normale Weise mit dem Rahmen verbunden und nur das vordere beweglich ist, gibt es bei Meyer-Loks zwei Drehgestelle. Sie enthalten je ein Triebwerk, und deren Zylinder stehen sich in der Fahrzeugmitte gegenüber. Die Meyer-Loks können trotz des Gesamtachsstandes von 6,20 m noch Gleisbögen mit einem Radius von 40 m befahren.

In den 1960er-Jahren wurden 30 dieser Loks im Ausbesserungswerk Görlitz „rekonstruiert“, dies kam oft einem Neubau gleich. Auch die bei der Döllnitzbahn erhaltenen drei Loks entstammen dieser Serie (siehe unter 3.6.)

Erstaunlicher Qualm in Kemmlitz (099 709, Mai 1992)

Rangieren am Bahnhof Mügeln (099 709, Mai 1992)

Der Wasservorrat wird ergänzt (099 705, am Lokschuppen Mügeln im Mai 1992)

099 713 und, mit geöffneter Rauchkammertür, 099 709 am Mügelner Schuppen (Mai 1992)

Halt in Zittau Süd; bis zum Endbahnhof Zittau sind es noch 2,6 km (99 760, Mai 1997)

3.4. Von Zittau über Bertsdorf nach Oybin bzw. Jonsdorf

Seit 1890 bringt diese Bahn die Gäste von Zittau aus auf beschauliche Weise bis zu den Kurorten Oybin und Jonsdorf. Die Abkürzung von Zittau-Oybin-Jonsdorfer Eisenbahn, ZOJE, wurde vom Volksmund freundlich als „Zug ohne jegliche Eile“ interpretiert. 1976 sollte die Strecke zugunsten der Erweiterung des Braunkohlentagebaus in Olbersdorf stillgelegt werden, diese Pläne zerschlugen sich jedoch. 1993 wurde der letzte Güterverkehr auf dieser Strecke eingestellt. Zu diesem Zeitpunkt war von offizieller Seite bereits festgestellt worden, die Bahn besitze kulturhistorischen Wert und sei für die Entwicklung des Tourismus in der Region unverzichtbar. Nicht nur Eisenbahnfreunde hatten es gemutmaßt, sondern auch eigens beauftragte Marketing-Spezialisten der Hauptstadt prognostizierten, die Bahn sei für den Fremdenverkehr nur interessant, wenn sie mit Dampfloks betrieben werde. Ende 1996 übernahm der Landkreis Zittau zusammen mit den Anliegergemeinden als Sächsisch-Oberlausitzer Eisenbahngesellschaft mbH (SOEG) die Zittauer Schmalspurbahn von der DB AG in eigene Regie.

Der Schmalspurbahnhof, 263 m über NN, befindet sich am Vorplatz des Zittauer Hauptbahnhofs der Regelspur; das Betriebswerk der Schmalspurbahn ist auf einem Gleis quer über diesen Platz zu erreichen.

Die Strecke führt am Haltepunkt Zittau vorbei, unter dem 745 m langen Neiße-Viadukt für die Regelspurstrecke hindurch zum Bahnhof Zittau Süd. Kurz danach überquert sie auf einer besonderen Brücke die Mandau, besonders deshalb, weil zugleich eine Straße gequert wird, und erreicht den Bahnhof Zittau Vorstadt, dessen Gleisanlagen auf den ehemals beträchtlichen dortigen Zugbetrieb hinweisen. Weiter geht es nach Olbersdorf (Niederdorf und Oberdorf), das Zittauer Gebirge ist schon gut zu sehen, die Strecke steigt noch weiter an, und man kommt zum Trennungsbahnhof Bertsdorf, wo sich die Strecke in die Richtungen nach Oybin und Jonsdorf teilt. In Bertsdorf sind oft zwei Züge gleichzeitig zu sehen, und regelmäßig kann man eine Doppelausfahrt erleben. (Im Bahnhof Bertsdorf befindet sich der Vereinssitz eines wesentlichen Unterstützers dieser Bahn: Interessenverband der Zittauer Schmalspurbahn e.V.; im Lokschuppen gibt es eine Fahrzeugsammlung.)

Zum Kurort Oybin gelangt man durch ein waldreiches Gebiet, am Haltepunkt Oybin Niederdorf vorbei, durch ein schluchtartig verengtes Tal schließlich zum auf einer Höhe von knapp 390 m über NN liegenden Endbahnhof neben dem Berg Oybin mit seiner Burg- und Klosterruine.

Während in Bertsdorf noch heute eine beidseitige Umfahrung des Bahnhofsgebäudes möglich ist, findet man in Oybin die Gleise auf der Rückseite des Bahnhofes nicht mehr. Auf der Strecke zwischen Zittau Vorstadt und Oybin war wegen des früher regen Verkehrs 1913 ein zweites Gleis verlegt worden; im Zweiten Weltkrieg ging das Verkehrsaufkommen drastisch zurück, und im Winter 1943/44 wurde das zweite Gleis abgebaut.

Der Abschnitt zum Kurort Jonsdorf beginnt ab Bertsdorf mit einem engen Rechtsbogen durch den Wald, die Straße nach Jonsdorf wird unterquert, bis Jonsdorf Haltestelle geht es kräftig bergauf, und nach einer erneuten Querung der Straße verläuft die Strecke an einem Hang oberhalb des Ortes zwischen Wiesen und Gärten zum Endbahnhof Jonsdorf (gut 450 m über NN). Einen besonderen Blick auf den letzten Abschnitt dieser Strecke hat man vom Hieronymus-Stein (488 m). Von Zittau nach Jonsdorf bzw. von Zittau nach Oybin fährt man gut 40 Minuten.

Auf einer Brücke in Olbersdorf (die 1955 gebaute Neubaulok 99 787, Mai 1997)

Einfahrt im Bahnhof Bertsdorf (099 728, das ist die 1929 gebaute Einheitslok 99 749, Mai 1992)

Vor der Abfahrt nach Oybin (099 733 = Einheitslok 99 760, Mai 1992)

Versorgung neben dem Bertsdorfer Stellwerk (099 730 = Einheitslok 99 757, Mai 1992)

Blick aus dem Stellwerk: Ausfahrt auf dem Gleis nach Jonsdorf (099 730, Mai 1992)

Der Zug quert die Straße nach Jonsdorf (099 722 = Einheitslok 99 731, Mai 1992)

Blick vom Hieronymus-Stein auf den Kurort Jonsdorf und den Dampfzug (Mai 1997)

In Jonsdorf (99 760, Mai 1997)

Umsetzen am Endbahnhof Jonsdorf (099 722, Mai 1992)

Auf dem Weg nach Oybin (99 787, Mai 1997)

Vor dem Berg Oybin (99 760, Mai 1997)

Einfahrt in Oybin (099 751 = Neubaulok 99 787, Mai 1996)

Der Oybiner Bahnhof von oben (Mai 1996)

Nach der Ankunft des Zuges in Oybin wurde die Lok umgesetzt (99 758, Mai 1997)

Bahnhof Cranzahl mit ausfahrendem Dampfzug (099 738, DB-Nr. für die Neubaulok 99 773, Mai 1998)

3.5. Von Cranzahl nach Oberwiesenthal (Fichtelbergbahn)

Die Eröffnungsfahrt von Cranzahl nach Oberwiesenthal fand 1897 statt. Als in den 1930er-Jahren parallel verkehrende Omnibuslinien eingerichtet wurden, verringerte sich das Verkehrsaufkommen stark. Nach dem Zweiten Weltkrieg wurde im Revier Bärenstein-Niederschlag Uran abgebaut, die Schmalspurbahn übernahm den Abtransport des Erzes. Mitte der 1950er-Jahre wurde zwar dieser Bergbau eingestellt, aber zugleich die 1947 eingeführte Sperrzone aufgehoben; damit war wieder ein uneingeschränkter Wintersport möglich, und davon profitierte die Bahn.

Nach 1990 verlor die Bahn ihre Bedeutung als wichtiger Zubringer für Oberwiesenthal. 1992 wurde der verbliebene Güterverkehr eingestellt, seitdem werden Güterwagen nurmehr für betriebliche Zwecke befördert. 1998 übernahm die BVO Bahn GmbH, seit 2007 Sächsische Dampfeisenbahngesellschaft (SDG), die Strecke von der Deutschen Bahn AG. Im Rahmen der Übernahme bekam die Bahn den Namen „Fichtelbergbahn“.

Ausgangspunkt der Schmalspurbahn ist der Bahnhof Cranzahl (1872 zusammen mit der Normalspurbahn Weipert–Annaberg in Betrieb genommen, 1912 umgebaut). Die Schmalspurstrecke folgt dem rechten Hang des Sehmatales, führt am Haltepunkt Unterneudorf vorbei und erreicht den Kreuzungsbahnhof Neudorf. Bis zum Haltepunkt Vierenstraße fährt die Bahn im Sehmatalgrund, danach geht es aufwärts. Am Bahnhof Kretscham-Rothensehma haben die Züge etwa die Hälfte der Strecke bewältigt. Die Strecke steigt noch weiter an und erreicht Niederschlag. Nun folgt ein Gefälle hinab ins Pöhlbachtal. Die Trasse quert die B 95 und führt entlang der Staatsgrenze zu Tschechien am Pöhlbach wieder bergwärts. Es folgen Hammerunterwiesenthal und Unterwiesenthal, und nach der erneuten Querung der B 95 führt die Strecke über einen 100 m langen und 18 m hohen, stählernen Gerüstpfeiler-Viadukt (2004 grundlegend saniert) zum Endbahnhof Kurort Oberwiesenthal am Südostfuß des Fichtelberges. Dieser Bahnhof ist – mit knapp 894 m über NN – der höchstgelegene Sachsens. Der dazugehörige alte Lokschuppen wurde abgerissen und durch ein neues Gebäude samt Werkstatt ersetzt, das 2004 fertiggestellt wurde. Die Streckenlänge von Cranzahl bis Oberwiesenthal beträgt zwar nur gut 17,3 km, aber da es so erfreulich gemächlich zugeht (Höchstgeschwindigkeit 25 km/h), dauert die Fahrt fast eine Stunde.

Auf den Fichtelberg, den mit gut 1214 m höchsten Berg Sachsens, kann man mit der ältesten Luftseilbahn Deutschlands, der Fichtelberg-Schwebebahn (Inbetriebnahme 1924), gelangen.

Ausfahrt in Cranzahl (099 738 = 99 773, Mai 1998)

Kurz vor dem Endbahnhof Cranzahl (099 757 = 99 794, Mai 1998)

Die Trasse schlängelt sich um die Häuser Cranzahls herum (099 750 = 99 786, Mai 1998)

Vor dem Haltepunkt Unterneudorf (099 738, Mai 1998)

Zug hinter den Häusern von Neudorf (Mai 1998)

Ausfahrt in Neudorf (099 749 = 99785, Mai 1998)

Am Bahnhof Kretscham-Rothensehma (099 757, Mai 1998)

Begegnung im Bahnhof Niederschlag (Mai 1998)

In einer Kurve vor Hammerunterwiesenthal (099 738, Mai 1998)

Dampf neben der B 95 (099 738, Mai 1996)

Kurzer Halt in Hammerunterwiesenthal (Mai 1998)

Der Zug hat gerade Hammerunterwiesenthal verlassen (099 738, Mai 1998)

Auf dem Viadukt Hüttenbachtal in Oberwiesenthal (099 757, Mai 1998)

Wartung und Säuberung einer Lok in Oberwiesenthal (099 749, Mai 1998)

3.6. Dampfloks mit 750 mm Spurweite

Zum Nummernschema dieser Loks der Baureihen 99.51-60, 99.64-71, 99.73-76, 99.77-79, 99.463, 99.480:
Den Lok-Nummern vor 1970 fehlte die in der Tabelle eingeklammerte 1 (und die nicht angegebene Kontrollziffer für den Rechner).
Die DB AG führte nach der Übernahme der Strecken eine völlig neue Kennzeichnung ein; nach der jeweiligen Privatisierung verschwand diese wieder.

DR: 99	DB: 099 ...	Baujahr	DR: 99	DB: 099 ...	Baujahr	DR: 99	DB: 099 ...	Baujahr	DR: 99	DB: 099 ...	Baujahr
B'B-Loks (ex sä. IV K) :			(1)713	720	1927	(1)762	735	1933	(1)786	750	1954
(1)539	701	1899	(1)715	721	1927	(1)771	736	1952	(1)787	751	1955
(1)542	702	1899	(1)731	722	1928	(1)772	737	1952	(1)788	752	1955
(1)561	703	1909	(1)734	723	1928	(1)773	738	1952	(1)789	753	1955
(1)562	704	1909	(1)735	724	1928	(1)775	739	1953	(1)790	754	1955
(1)564	705	1909	(1)741	725	1928	(1)776	740	1953	(1)791	755	1956
(1)568	706	1910	(1)746	726	1929	(1)777	741	1953	(1)793	756	1956
(1)574	707	1912	(1)747	727	1929	(1)778	742	1953	(1)794	757	1956
(1)582	708	1912	(1)749	728	1929	(1)779	743	1953			
(1)584	709	1912	(1)750	729	1929	(1)780	744	1953			
(1)585	710	1912	(1)757	730	1933	(1)781	745	1953		Rügen:	
(1)586	711	1913	(1)758	731	1933	(1)782 (Rügen)	746	1953	4632	770	1914
(1)590		1914	(1)759	732	1933	(1)783 (Rügen)	747	1953	4633	771	1925
(1)606	712	1916	(1)760	733	1933	(1)784 (Rügen)	748	1953	4801	780	1938
(1)608	713	1921	(1)761	734	1933	(1)785	749	1954	4802	781	1938

Der SDG gehören (im Sommer 2013) zwei der durch die Achsfolge B'B besonders kurvengängigen IV K-Loks von Hartmann, nämlich 99 564, Baujahr 1909, sowie 99 608, Baujahr 1921, eine VI K-Lok (Achsfolge E), nämlich 99 713, Baujahr 1927, sieben Einheitsloks (Achsfolge 1'E'1) von Hartmann bzw. Schwartzkopff, Baujahre 1928–1933, sowie 15 Neubauloks (Achsfolge 1'E'1) von LKM Babelsberg, Baujahre 1952–1956.
Die Loks der Döllnitzbahn, drei von Hartmann gebaute Maschinen, entstammen der Serie der in den 1960er-Jahren im RAW Görlitz „rekonstruierten“ IV K-Loks (Achsfolge B'B, Bauart Meyer): 99 561 von 1909/1967 und 99 574 sowie 99 584 jeweils von 1912/1964.
Die Zittauer Schmalspurbahn besitzt sieben Einheitsloks (Achsfolge 1'E'1) von Hartmann bzw. Schwartzkopff, Baujahre 1928 – 1933, und eine Neubaulok (Achsfolge 1'E'1) von LKM Babelsberg, Baujahr 1955. Außerdem verkehrt auf ihren Gleisen seit 2009 eine 1908 gebaute IV K-Lok des Interessenverbandes der Zittauer Schmalspurbahnen.
In ganz Sachsen kommt – für Sonderzüge – der Neubau I K Nr. 54 (Inbetriebnahme 2009) zum Einsatz. Siehe Punkt 3.

Dietmar Reimer,

Ostsee

Unterwasserwelt im flachen Küstenbereich

Kattegatt – Kleiner Belt – Westliche Ostsee

96 Seiten, zahlreiche farbige Abbildungen
gebunden
Format 27 x 21 cm
(ISBN 978-3-89876-659-3)

Im Gegensatz zu exotischen Tauchrevieren ist die Unterwasserwelt der Ostsee kaum bekannt – völlig zu Unrecht, wie die Bilder dieses Buches beweisen. Denn bereits dicht unter der Oberfläche verbirgt sich eine erstaunlich reizvolle Natur, die zu entdecken sich lohnt: vielerlei Fische, Krebstiere und Quallen, aber auch Seegras-Dschungel, Tangwälder und Muschelbänke ziehen den Betrachter in ihren Bann. Dietmar Reimer, leidenschaftlicher Taucher und Fotograf, hat bei seinen Exkursionen zum Ostseegrund über viele Jahre die Tier- und Pflanzenwelt in den flachen Küstengewässern fotografiert und beschrieben. Gleichzeitig vermittelt er viel Wissenswertes über die Ostsee und gibt wertvolle praktische Tipps für Schnorchler, denn alle im Buch abgebildeten Dinge lassen sich in geringer Tiefe gut selbst beobachten.

Husum Verlag

Verlagsgruppe Husum · Postfach 1480 · D-25804 Husum · www.verlagsgruppe.de